CYRILLE

OU

LE TRIOMPHE DU CHRISTIANISME

DANS LES GAULES.

SAINT-DENIS. — TYPOGRAPHIE DE DROUARD

CYRILLE

ou

LE TRIOMPHE DU CHRISTIANISME

DANS LES GAULES

Essai de Tragédie à la manière des anciens,

EXERCICE DE COLLÉGE,

 Par M. J.-Phil.-Aug. LALANNE.

PARIS

LIBRAIRIE CLASSIQUE ET RELIGIEUSE
DE CENT-BRIERE,
rue de la Sainte-Chapelle, 3.

1855

CYRILLE

OU

LE TRIOMPHE DU CHRISTIANISME

DANS LES GAULES.

PERSONNAGES :

CHLODOVIG (Clovis), roi des Francs.
SENANT, chef des Druides.
GONDERIC, vieux guerrier bour-guignon, attaché à Clotilde.
FLAMINIUS, patricien romain, ancien lieutenant de Siagrius.
CYRILLE, fils de Flaminius et d'une mère chrétienne, 14 ans.
CINDONAX, prêtre de Teutatès.

THEODEBERT, guerrier gaulois.
RAGNACAIRE, guerrier scandinave.
RADAGAISE, guerrier gaulois.
AURELIEN, guerrier romain.
DEUX BARDES.
TROUPE DE DRUIDES.
TROUPE DE SOLDATS FRANCS, GAULOIS ET SCANDINAVES.

La scène est dans la forêt des Ardennes, au commencement du sixième siècle. Elle représente dans le fond, à gauche, un château en ruines, dont on ne distingue bien qu'une tour (carrée) qui s'ouvre sur le théâtre, par une fenêtre grillée et une porte basse ; sur un plan plus reculé, au milieu, un dolmehn (pierre longue en travers sur deux pierres debout) et quelques vieux chênes, chargés de gui.

SCÈNE I.

GONDERIC, seul.

Bois sombre, et qui frémis d'une secrète horreur,
Quels forfaits recéla ta vaste profondeur !
Des Druides jadis asile impénétrable,
Ils te disaient sacré, je t'appelle exécrable.

Là, parmi ces débris qu'amoncela le temps,
Se dressent de leurs dieux d'informes monuments.
Six chênes au front chauve, aux branches séculaires,
Protégent cet autel et ses affreux mystères.
Là, j'ai vu (je ne puis rappeler sans frémir
De ces jours malheureux l'odieux souvenir),
J'ai vu, sur ce dolmehn, une victime humaine
Jeune, et qui, de ses pleurs, baignait en vain sa chaîne,
Sous le couteau sacré se débattre et tomber;
De son sang bouillonnant la terre s'imbiber;
Parmi les soubresauts de ses chairs pantelantes,
Le prêtre aller fouiller ses entrailles fumantes,
Et, mêlant sa voix sombre au râle de la mort,
Dans un cœur expirant interroger le sort!.....
Tandis que par des chants, des danses effrénées.
Des femmes, de pavots et de gui couronnées,
Des guerriers brandissant et choquant dans leur main
Le fer contre le fer, l'airain contre l'airain,
Invoquaient Teutatès, le dieu de la vengeance,
Qu'apaisait, disaient-ils, le sang de l'innocence.
Oh! quand viendra le jour ardemment désiré
Où d'horribles fureurs mon pays délivré,
Jouira des bienfaits de la foi qui m'éclaire!

(Il fléchit un genou, en levant au ciel le pommeau de son glaive,
qui est en forme de croix.)

O Christ, Sauveur du monde, éternelle lumière!
Sois à jamais béni d'avoir ouvert mes yeux.
Pardonne! prends pitié d'un peuple malheureux,
Qui, dans la nuit du mal, plongé, dormant encore,
Ne blasphème ton nom que parce qu'il l'ignore.

SCÈNE II.

GONDERIC, CYRILLE.

CYRILLE, dans la tour, sans qu'on le voie. Il chante :

La vertu ne met pas le sage
A l'abri de l'adversité ;
Mais elle soutient son courage
Par l'espoir glorieux de l'immortalité.

GONDERIC, se relevant.

Qu'entends-je ? Quel mortel retiré dans ce lieu.....
Dans cette tour... Mais quoi? cette tour... juste Dieu!
C'est du cruel Senant la prison redoutée.
Quand une fois ici sa victime est jetée,
Malheur ! De ce cachot, à l'autel, au trépas,
Si Senant dit un mot, on ne fait plus qu'un pas.

CYRILLE chante encore.

La couronne des saints à les suivre m'engage,
La palme des martyrs enflamme mon ardeur ;
La vierge me sourit et sa voix m'encourage,
Des délices du ciel j'entrevois la douceur.
        C'est au séjour des bienheureux,
        La Jérusalem étincelle,
        C'est au ciel qu'aspirent mes vœux.
Là mon Sauveur m'attend, là ma mère m'appelle.

GONDERIC, qui s'est approché de la tour.

Je connais cette voix et ces pieux accents ;
C'est un hymne chrétien. — Est-ce toi que j'entends,
Cyrille, — jeune ami? — Cyrille?

CYRILLE, toujours caché.

                        Qui m'appelle?
Est-ce de mes bourreaux une insulte nouvelle?
Qu'on me laisse en repos.

GONDERIC.

Cyrille, cher enfant,
Ne crains rien; montre-toi; c'est un cœur bienveillant
Que Dieu t'envoie.

CYRILLE, regardant par la fenêtre grillée.

O ciel! Quel dessein vous inspire,
Gonderic, venez-vous m'animer au martyre?

GONDERIC.

Vous, Cyrille, en ces lieux, dans cet affreux séjour,
Le fils d'un sénateur captif dans cette tour,
Enchaîné, destiné peut-être au sacrifice!...

CYRILLE.

Vous voyez, Gonderic, le fruit de l'artifice
Du druide Senant, dont la séduction
A de Flaminius flatté l'ambition.
Il lui fait espérer l'empire de la Gaule,
S'il lui rend de son Dieu la monstrueuse idole.
Mon père, dont la main profane encore l'encens,
Qui, dans le fond du cœur, déteste ces méchants,
Est sensible à la gloire, aspire au rang suprême.
Il ne refuse rien; il m'a livré moi-même,
Comme un otage sûr de sa docilité,
Et pour me convertir à leur impiété.

GONDERIC.

O Christ!

CYRILLE.

Voilà dix jours qu'éloigné de mon père,
Je languis et je meurs dans ce triste repaire,
Seul... eh! que dis-je, seul? puissé-je avoir bien dit!
De Senant, chaque jour, un ministre maudit,
Un suppôt de Satan, me visite et me tente:
Tantôt il me caresse, et tantôt me tourmente:
De ses propos impurs il outrage à la fois,

Tout ce que je vénère et tout ce que je crois.
Combien je souffre, hélas!

GONDERIC.

O Dieu vengeur du crime!
Au perfide Senant arrache sa victime,
Ou permets que ma main...
(Il essaie d'ébranler les barreaux de la fenêtre.)

CYRILLE.

Non, généreux ami,
Gardez-vous d'irriter ce puissant ennemi;
Je vous l'ai dit : mon père entre ses mains me livre,
Le Seigneur peut vouloir que je cesse de vivre :
Mais non pas d'obéir; calmez votre courroux,
Je puis encor souffrir; allez! retirez-vous.

GONDERIC.

Non, Cyrille, écoutez : je le sais, le temps presse.
Redoutons de Senant et l'audace et l'adresse;
Laissons Flaminius; je vois par quel chemin
Nous pouvons de nos maux accélérer la fin;
Chlodovig n'est pas loin; il connaît le druide,
Il s'en défie, il craint son astuce perfide.
Je me rends à son camp; je dévoile à ses yeux
De ces conspirateurs les complots ténébreux.
D'une rébellion je soupçonnais la trame.
L'imprudent! à tel point l'ambition l'enflamme,
Qu'il rêve de ranger ce pays sous ses lois.
Comme il sait l'ascendant que j'ai sur les Gaulois,
Il veut, dit-il, à moi s'ouvrir sur une affaire
Qu'il cache à tous les yeux sous un profond mystère,
Pour m'en entretenir, il me convoque ici
Avec Flaminius.

CYRILLE.

Taisez-vous. — Les voici!
(Il se cache.)

SCÈNE III.

GONDERIC, seul.

Eh bien! Cyrille, adieu! que le ciel vous protége!
(A part.)
Je les vois; ils sont seuls! sans armés, sans cortége...
Non!... un guerrier les suit. — Cindonax, — un brigand!
Ainsi Flaminius oublie, avec son rang,
Tant de l'ambition le délire l'entraîne,
Et le devoir d'un père et la fierté romaine!

SCÈNE IV.

GONDERIC, SENANT, FLAMINIUS; CINDONAX, qui arrive un
moment après, et demeure dans le fond.

SENANT.

Tu nous as devancés, Gonderic; ton courage,
Ton active vigueur, ne cèdent rien à l'âge:
Ton bras est toujours fort, et sous tes cheveux blancs,
Ta fierté confondrait l'orgueil des jeunes gens.
Ainsi chaque printemps, ces sapins séculaires,
Vieux déjà quand naissaient les pères de nos pères,
Par la verte fraîcheur de leurs tendres bourgeons,
Rivalisent d'éclat avec leurs rejetons.

GONDERIC.

De me rendre en ce lieu je t'ai donné parole,
Senant; je ne pouvais, homme faible et frivole,
Oublier ma promesse et manquer à ma foi!
D'un vieux soldat, l'honneur est l'inflexible loi.

FLAMINIUS.

Aussi de Chlodovig la juste confiance
Vous distingue entre tous.

GONDERIC.

Plutôt sa défiance

Étend jusques à moi contre nos Bourguignons
La haine et le dédain.

SENANT.

Nous le soupçonnions.
On dit que ta présence aujourd'hui l'importune,
Et qu'un revers prochain menace ta fortune.
Serait-il vrai ?

GONDERIC.

Mon cœur ne me reproche rien :
Qu'ai-je à craindre?

FLAMINIUS.

Clotilde est un puissant soutien.

GONDERIC.

A la reine, il est vrai, j'ai dévoué ma vie.
Pour elle j'ai quitté tout, famille, patrie ;....
Peut-être ignorez-vous comment, sans mon secours,
Le fer, dès le berceau, aurait tranché ses jours.
Du sang de Chilpéric elle était la dernière.
Le poignard qui frappa son infortuné frère
Sur elle était levé : mon bras, au meurtrier,
Opposa le rempart d'un large bouclier.
Aux yeux des assassins je fis briller ma lance,
Et nul n'osa d'entre eux affronter ma vaillance.
Le cruel Gondebaud avait besoin de moi.
Je lui fis respecter cette fille d'un roi.
Par les soins d'Avitus elle devint chrétienne,
Car je n'eus point pour elle une tendresse vaine,
Et je ne pus souffrir que d'une absurde erreur...

SENANT.

Et voilà d'où viendra sa perte et ton malheur.

GONDERIC.

Soit! Ne prolongeons pas un propos inutile.
Que me veux-tu, Senant; à quoi te suis-je utile?

(Aux deux.)

Pourquoi, sous le secret, m'avez-vous fait venir?

FLAMINIUS.

D'un grand dessein Senant veut vous entretenir.

SENANT.

En secret, aux chrétiens Chlodovig est hostile.
Pour Clotilde autrefois complaisant et facile,
Il prêtait volontiers l'oreille à vos discours,
Promettait son appui, le différait toujours.
Pour mieux le surveiller, il accueillait le prêtre,
Et semblait le servir pour se rendre son maître.
Chlodovig n'a qu'un Dieu : c'est son ambition,
Et le soin de régner est sa religion.
Aussi, depuis qu'il sait que votre conscience
Garde, au mépris de tous, sa fière indépendance,
Et que vous prétendez, par de divines lois,
Assujétir au frein même le cœur des rois,
Il vous craint, il vous fuit : son orgueil vous abhorre :
Il déteste le Dieu que sa Clotilde adore,
Et Clotilde elle-même, objet de son dédain...

GONDERIC.

Que dis-tu là?

SENANT.

Je dis que peut-être demain,
Si le sort du combat aux Francs est favorable,
Aux yeux de Chlodovig rien plus n'est respectable.
Il rompt avec Clotilde, il proscrit les chrétiens,
Il bannit de la Gaule et vos dieux et les miens.
Nous sommes tous perdus.

GONDERIC, avec ironie.

Serait-il bien possible?

FLAMINIUS.

Est-ce que Chlodovig fut jamais accessible
Aux tendres sentiments qui font les vrais époux?

SENANT.

Ton salut, Gonderic, est de t'unir à nous.
Sous le joug des rois francs la Gaule s'inquiète.
De la sédition, comme de la tempête,
Il est, dans un pays, des signes précurseurs ;
Le tonnerre succède à de sourdes rumeurs.
L'avenir de l'État inspire à tous des craintes,
Le passé des regrets et le présent des plaintes :
Chacun est mécontent. Le Celte et le Gaulois
Pleurent la liberté sous leurs antiques toits.
Le Romain qui longtemps enchaîna la victoire,
Au roi Franc, sans dépit, ne cède point sa gloire.
Nous, enfin, Gonderic, que jadis en ces lieux,
Tout un peuple tremblant craignait comme ses dieux,
Penses-tu qu'acceptant la honte du servage
Nous vivions résignés à ce triste partage ?
Dès ce jour, les chrétiens, dans Chlodovig vainqueur,
Vont peut-être cesser de voir un protecteur.
Alors le vain espoir fera place aux alarmes.
Et si donc la fortune abandonnait ses armes,
Si ce sceptre de fer... Mais non... qu'il soit heureux,
Qu'il sorte du combat triomphant, glorieux.
Avec les ennemis qu'il doit avoir en tête,
La victoire affaiblit autant qu'une défaite.
Le Germain est vaillant, et ne reçoit la mort
Qu'après l'avoir donnée ! Oui ! quel que soit le sort
Que la guerre réserve à ce maître barbare,
C'est notre liberté que le sort nous prépare.
A nous de la saisir ! Déjà Flaminius,
Qui gouverna la Gaule avec Siagrius,
A de ses vétérans rassemblé les cohortes.
Urbium à sa voix nous ouvrira ses portes.
En grand nombre cachés dans ces vastes forêts,

A marcher sur nos pas les Druides sont prêts.
C'est à toi, Gonderic, si ta foi nous seconde,
D'armer tous les chrétiens, d'appeler le Burgonde :
Cours à Reims sans tarder. Vas avertir Remi
Que Chlodovig n'est plus qu'un perfide ennemi.
Ouvre les yeux à tous : ton bras et ta parole,
Avec notre concours, entraîneront la Gaule.

GONDERIC.

Vain espoir! va, Senant, connais mieux des chrétiens
Les pasteurs vénérés. Leurs pieux entretiens
N'inspirèrent jamais la guerre ou la vengeance.
La paix est leur drapeau, leur arme est la clémence,
Ils sauront bien mourir pour confesser leur foi,
Mais ils ne sauront pas s'armer contre leur roi.

FLAMINIUS.

Quoi! comptent-ils pour rien leurs biens et leur puissance?

GONDERIC.

La puissance d'un prêtre est dans la patience,
Sa plus haute fortune est dans la pauvreté.

FLAMINIUS.

Il y va de leur vie.

GONDERIC.

Et l'immortalité !
C'est faire, avec la vie, un magnifique échange.

SENANT.

Des biens les plus réels c'est un mépris étrange :
La liberté, la vie! ô funestes erreurs !

FLAMINIUS.

Les fastes de l'empire attestent ces fureurs.

SENANT.

Laissons-là ton Remi. Mais toi, que vas-tu faire?
Vas-tu déshonorer ta vieille ardeur guerrière?
Il s'agit de venger ta patrie et ton Dieu,

La reine, ton honneur ; crois-tu que c'est trop peu ?
Parle, que feras-tu ?

GONDERIC.

Si tu crois me surprendre,
Senant, tu t'es trompé. J'étais loin de m'attendre,
Je l'avoue, à l'excès de ta témérité.
Si tu n'avais montré que la perversité
De tes méchants desseins, ils n'ont rien qui m'étonne ;
De toi, les trahisons n'étonneront personne.
Si j'ai patiemment jusqu'au bout écouté,
C'était pour tout savoir. Ainsi, tu t'es flatté
Que, dupes de ta fourbe et de tes artifices,
Et les chrétiens et moi nous serions tes complices ?
Nous te connaissons trop ; tu nous aimes trop peu.
Depuis quand notre cause et l'intérêt de Dieu
Te seraient-ils si chers ? D'où vient cette tendresse
Dont tu parais épris pour l'auguste princesse
Que tu hais et maudis dans le fond de ton cœur ?
Tu veux nous indigner ; reconnais ton erreur :
Quand même Chlodovig, s'inspirant de tes haines,
Pour Clotilde et pour moi ferait forger des chaînes ;
Irait-il à la mère arracher son enfant
Pour abreuver ses dieux de ce sang innocent ;
La flamme du bûcher serait-elle allumée ;
Sur ma tête aurait-il suspendu sa framée :
Le chrétien, pour son Dieu trop heureux de souffrir,
Craint de vivre coupable et non pas de mourir.
La sainteté des lois à Chlodovig me lie,
Je lui serai fidèle au péril de ma vie.
De moi n'espère rien, mais crains mon juste Dieu.
Il punit l'oppresseur de l'innocence. Adieu !

(Il sort.)

FLAMINIUS.

Qu'a-t-il dit ?... saurait-il ?...

SENANT à Gonderic.

Va, tremble pour toi-même.
Tu diras si je mens, si ma bouche blasphème ;
Tu verras si ton Dieu te portera secours,
S'il saura te sauver de la mort où tu cours.

SCÈNE V.

SENANT, FLAMINIUS. CINDONAX.

FLAMINIUS.

Qu'avez-vous fait, Senant? quelle est votre imprudence,
Nous sommes découverts.

SENANT.

Attendez la vengeance !
Avant qu'il soit une heure, au bas de ce coteau,
Gonderic tombera sous un fatal couteau.
Approche, Cindonax.

(Cindonax s'avance.)

Va, sur les pas du traître....

CINDONAX, avec effroi.

Gonderic !

SENANT.

Tu frémis ! de Thor indigne prêtre,
Oses-tu bien ici soutenir mon regard,
Si ta lâcheté craint d'affronter un vieillard ?

CINDONAX.

Senant, je ne crains rien. Pour nous qu'est-ce la vie,
Quand la mort, en Asgard, de la gloire est suivie?
Mais tu veux le succès de tes secrets desseins.
Ils peuvent échouer : voilà ce que je crains.
Gonderic est vaillant.

SENANT.

Crois-tu que je l'ignore?
Ta main en a frappé de plus braves encore.

Va ; pour être plus sûr, prends avec toi Zimbric ;
Qu'on m'apporte ce soir le cœur de Gonderic.

CINDONAX.

Tu seras satisfait !

FLAMINIUS, à part.

Que de scélératesse !

SCÈNE VI.

SENANT, FLAMINIUS.

SENANT.

Non, non, Flaminius, le danger qui nous presse,
Ne vient pas du Burgonde, et de son vain courroux
Il n'est que trop aisé de prévenir les coups.
Il pouvait nous servir, s'il eût à notre cause,
Rallié les amis dont Clotilde dispose ;
Si surtout des chrétiens et du puissant Remi
Il nous eût assuré la faveur et l'appui,
C'en était fait ; mais quoi ? si Gonderic nous laisse,
S'il provoque les coups de ma main vengeresse,
Lui seul se perd ; et nous, par bien d'autres chemins,
Sans lui nous tenterons d'arriver à nos fins.
Ce que je crains le plus, c'est...

FLAMINIUS.

Quoi ?

SENANT.

Votre faiblesse.
Pour un indigne fils votre aveugle tendresse.
Vous savez à quel prix, les Druides et moi,
Nous consentions enfin à subir votre loi.
Qu'il ne soit plus chrétien ; qu'après vous, dans les Gaules,
Sa fureur n'aille pas renverser nos idoles,
Qu'il sacrifie aux dieux ou qu'il meure...

FLAMINIUS.

Senant !

J'ai remis en vos mains mes droits sur mon enfant.
Je veux, non pas d'abord, sacrifier Cyrille ;
Je suis père avant tout ; mais le rendre docile.
N'avez-vous rien gagné ?

SENANT.

Son obstination

N'a que trop confirmé notre appréhension.
Rien ne peut effrayer ni fléchir son courage :
Hier, n'espérant plus, j'ai fait, par un message,
Consulter, sur son sort, la prêtresse Yerlé,
Elle à qui l'avenir jamais ne fut celé.

FLAMINIUS.

Je vois d'ici vers nous s'avancer un Druide.

SENANT.

C'est lui : vous connaîtrez l'oracle qui décide,
Quel parti, pour Cyrille, il nous faut suivre enfin.

SCÈNE VII.

THEODEBERT, FLAMINIUS, SENANT.

SENANT.

Parle, Théodebert, dis l'arrêt du destin.

THEODEBERT.

De la sainte Yerlé j'apporte la réponse.

FLAMINIUS.

Je tremble.

SENANT.

Lis tout haut ce que l'oracle annonce.

THEODEBERT.

Si le fils de Flaminius

N'a pas offert demain de l'encens à Hésus,
Si, lorsque le soleil reviendra luire au monde,

Ses rayons sont souillés par cet objet immonde,
Flaminius jamais ne régnera,
Et sous le fer sa tête tombera.
S'il abjure du Christ le culte abominable,
Leur bonheur sera grand et leur règne durable.

SENANT, à Flaminius.

Qu'attendez-vous encor?

SCÈNE VIII.

RADAGAISE, FLAMINIUS, SENANT.

RADAGAISE.

Chlodovig est vainqueur.
Je vais à tous les siens apprendre son bonheur.

FLAMINIUS.

Chlodovig est vainqueur!

SINANT.

O ciel! quelle nouvelle!

RADAGAISE.

Jamais il n'a gagné de victoire si belle.
Des rives du Danube et de ces monts brumeux,
Dont la cime, aux regards, cache l'aspect des cieux;
Les Germains s'élançaient, semblables à l'orage,
Que l'épouvante annonce, et que suit le ravage.
Chlodovig, avec eux fier de se mesurer,
Aux champs de Tolbiac vole les rencontrer.
Oseront-ils braver sa redoutable lance?
Son espoir le trahit; la victoire balance;
Trois fois par les Germains les Francs sont repoussés,
Les barbares, roulant leurs bataillons pressés,
S'avancent; le reflux de l'Océan qui gronde,
Ainsi, dans sa furie, arrive, écume, inonde.
Bondissant sous le dard, de monstrueux taureaux
Précipitent sur nous des chars armés de faulx,

Furieux, mugissants, ils foulent, ils déchirent;
Mêlent au sang le feu que leurs naseaux respirent;
Leurs cornes, dans les airs, font voler nos débris,
Casques et boucliers, corps sanglants et meurtris.
Chlodovig voit bientôt, par le choc enfoncées,
Plier, pâles d'effroi, ses troupes dispersées,
Alors, vers ce héros, le brave Aurélien
Accourt : Priez le Dieu qu'invoque le chrétien,
Dit-il; faites un vœu: qu'il daigne vous entendre!
Chlodovig, vers le ciel, qui seul peut nous défendre,
Élevant et ses mains et ses yeux suppliants,
S'écrie : Oh! rends la force à nos bras défaillants,
Dieu que Clotilde invoque! écoute mes paroles,
Et, brisant à tes pieds d'impuissantes idoles,
C'est toi seul que j'adore. À peine a-t-il parlé,
Les cieux se sont ouverts et la terre a tremblé:
Un ange, descendu de la voûte éternelle,
Sans doute à nos guerriers souffle une ardeur nouvelle;
Et des Francs consternés dissipant les terreurs,
Rejette l'épouvante au sein de leurs vainqueurs.
Bravant tous à l'envi le trépas qu'ils oublient,
Nos bataillons épars s'arrètent, se rallient;
Partout à l'ennemi s'oppose un mur d'airain;
Sa rage se consume et son bras frappe en vain;
Sous d'invincibles coups les Allemands succombent,
Et leurs traits impuissants sur eux-mêmes retombent;
Tout fuit, le combat cesse, et Chlodovig vainqueur
Proclame qu'en ce jour le Christ est son Sauveur.

SENANT, à Flaminius.

Le prodige aisément se comprend et s'explique,
C'est l'effet naturel d'un transport fanatique.

FLAMINIUS, à Radagaise.

Les sectaires du Christ sont-ils donc si nombreux?

La plupart de vos Francs adorent d'autres dieux.

RADAGAISE.

Tous ne se rendent pas à l'éclatant prodige.
On se fera chrétien si Chlodovig l'exige ;
Mais des chefs les avis sont encor partagés.
Ce n'est pas tout d'un coup que les cœurs sont changés,
Et la religion qu'ils héritent d'un père
Aux esprits obstinés plus qu'aucune autre est chère.
Les fils dégénérés du vaillant Romulus
Aiment trop les plaisirs que prodiguent Bacchus
Et la mère d'Énée ; Odin aux Scandinaves,
Fait chérir, adorer le modèle des braves ;
Et le Gaulois peut-il n'entendre plus la voix
Qui lui dit l'avenir dans les antres des bois ?
Enchaîné par son vœu, par la reconnaissance,
Le prince, vers le Christ, incline la balance ;
Mais de mécontenter il voit trop le danger ;
Il a besoin de tous et veut tout ménager.
Il a donc résolu, dit-on, que nos suffrages
Devanceraient son choix. Il veut que les plus sages,
A soutenir leur culte appelés aujourd'hui,
Sur la religion disputent devant lui ;
A la plus raisonnable il paraîtra se rendre.
Ainsi, sage Senant, soyez prêt à défendre
Ce qu'adore le Celte ; et vous, noble Romain,
Vengez les dieux vaincus du peuple souverain.
Moi, je vais vers la reine achever mon message.
Adieu !

SCÈNE IX.

SENANT, FLAMINIUS.

SENANT.

Flaminius, redoublons de courage.

Oui, Chlodovig se perd, et ses nouveaux lauriers
Seront foulés aux pieds par ses propres guerriers.
Dès ce jour, croyez-moi, dans ce débris d'armée,
Pour l'intérêt des dieux, la discorde allumée,
N'éteindra ses flambeaux que dans des flots de sang.
Cependant hâtons-nous. Le moment est pressant:
Aux ordres du destin il nous faut satisfaire :
Vous les savez, seigneur.

FLAMINIUS.

         Ah ! que voulez-vous faire :
Allez-vous à vos dieux sacrifier mon fils ?

SENANT.

Il le faut ou périr. — L'oracle en est précis.

FLAMINIUS.

Mais nous périssons tous si Gonderic révèle.....

SENANT.

Gonderic ! Un poignard, à mes ordres fidèle,
Au moment où je parle a mis fin à ses jours,
Et la mort a fermé sa bouche pour toujours :
N'en doutez pas.

FLAMINIUS.

       Enfin, Yerlé dit que Cyrille
A nos conseils encor pourrait être docile,
Et que vos dieux alors...

SENANT.

       Je ne l'espère pas.
Les dieux veulent du sang.

FLAMINIUS.

       Un sang si cher, hélas!

SENANT.

Eh bien ! soit, je le veux ; contentez votre envie :
Une dernière fois voyez ce jeune impie ;
Pour le vaincre, épuisez la bonté, la rigueur.

Je vous seconderai. Mais si son méchant cœur
Brave notre courroux, résiste à la prière,
Ne vous souvenez plus que vous êtes son père,
Que pour nous l'immoler.

FLAMINIUS.

Que mon sort est affreux !

SENANT.

Je vais tout disposer et reviens en ces lieux.

(Il fait quelques pas et revient.)

Encore un mot : Songez que si, près de Cyrille,
Votre dernier effort était encore stérile,
Et que votre faiblesse hésitât un instant
A livrer à mon glaive un criminel enfant,
Pour détourner de moi la vengeance céleste,
De mon poignard plutôt..... Comprenez bien le reste.

SCÈNE X.

FLAMINIUS, seul.

Oui, je t'ai bien compris, odieux scélérat,
Tu ne reculeras devant nul attentat !
Voilà donc où je vais ! Voilà dans quel abîme,
Par l'erreur entraîné, je vais trouver le crime.
Dans le piége, il a su si bien m'envelopper,
Que par aucun côté je ne puis échapper.
Rebelle et parricide ! — et pourtant, je l'espère,
Cyrille aura pitié de son malheureux père !
Je gagnerai son cœur : il est sensible et bon.....
La mort de Gonderic peut de ma trahison
Effacer à jamais la dangereuse trace.....
Même avec Chlodovig je puis rentrer en grâce,
Si ma fidélité proposait pour garant
De traduire au grand jour les complots de Senant.
Mais si mon fils résiste et s'il me désespère ?

Il n'aura plus de droit qu'à ma juste colère :
Sur un enfant ingrat, qui trahit son devoir,
Les lois de mon pays me donnent tout pouvoir.
Je l'abandonnerai.....

SCÈNE XI.

SENANT, accompagné de six Druides portant les instruments d'un
sacrifice : couteaux, bassin, éponges, etc.

SENANT.

Faites venir Cyrille.
Son père veut réduire un esprit indocile.
Qu'on l'amène ; surtout qu'on le prévienne bien
Que son dernier espoir est dans cet entretien.

(Deux Druides entrent dans la tour.)

FLAMINIUS.

Tenons-nous à l'écart ; avant que de paraître,
Dans ses yeux, son maintien, tâchons de reconnaître
Les sentiments secrets qui partagent son cœur.

SENANT.

Je vous l'ai dit assez ; l'orgueil et la fureur !

SCÈNE XII.

Deux Druides amènent Cyrille. Il a les bras chargés d'une chaîne.
Il s'avance sans voir son père ni Senant.

CYRILLE, FLAMINIUS, SENANT, Druides.

CYRILLE.

Toi, qu'adore le ciel et que la terre ignore,
Dieu sauveur des chrétiens, ma triste voix t'implore !
Mon père va venir te disputer mon cœur.
J'entendrai ses soupirs, je verrai sa douleur !
Il pleurera ! grand Dieu ! que lui dire, que faire ?
Quel fils peut résister aux larmes de son père !

FLAMINIUS, à part.

O dieux ! dans quel état te vois-je ici réduit,

Cher Cyrille, ô mon fils?

SENANT, à Flaminius.

L'erreur qui le séduit

A, dans ce jeune cœur, étouffé la tendresse.
Il peut feindre à vos yeux une fausse tristesse :
Bientôt de ses discours l'insolente fierté,
Vous aura révélé toute la vérité.
Approchons-nous... Cyrille !

CYRILLE se retourne, voit Flaminius et s'élance vers lui.

O mon père !

FLAMINIUS, le repoussant.

Ton père !

Va, misérable objet d'horreur et de colère,
Va ! tu n'es pas mon fils. Un ennemi des dieux
Ne souillera jamais le nom de mes aïeux.

CYRILLE.

Arraché de vos bras par des mains inhumaines,
Plongé dans les cachots, chargé de lourdes chaînes,
En proie à tous les maux de ces lieux pleins d'horreur,
Les ténèbres, le froid, et la faim et la peur,
J'ai souffert, et mes yeux n'ont point versé de larmes !
Devant moi les bourreaux ont aiguisé leurs armes ;
Je n'en ai point pâli ; j'ai vu d'un front serein
Et le fer et le feu qui brillaient dans leur main ;
Ma chair ensanglantait les cruelles tenailles,
La brûlante douleur dévorait mes entrailles.
Je n'en ai point gémi : c'est votre seule voix
Qui fait frémir mon cœur pour la première fois :
Jugez-le par ce trait, et prononcez vous-même :
Voyez si votre fils vous hait ou s'il vous aime.
Si votre fils vous aime ? ô mon père ! Mais non :
Vous m'aviez défendu de prononcer ce nom,
Si ce doux nom de père, hélas ! n'est plus le vôtre,

Pardonnez ; mais pour vous je n'en puis savoir d'autre.

FLAMINIUS.

Empressez-vous, Senant, de me féliciter ;
Vous l'entendez, il m'aime, on n'en saurait douter :
Je n'ai point à me plaindre et Cyrille est sincère :
Il me perce le cœur et m'appelle son père.....
Eh bien ! oui, je le suis ; oui, mes affreux destins
Me lièrent à toi par les nœuds les plus saints.
Je suis ton père, ingrat, peux-tu le méconnaître ?
Je te pris dans mes bras le jour qui te vit naître,
Je te donnai mon nom, et, rendant grâce aux dieux,
Pour toi, pour ton bonheur, je leur fis mille vœux.
Insensé ! me berçant d'une vaine espérance,
Je mettais mon plaisir aux soins de ton enfance :
Quand je sentais vers toi les élans de l'amour,
Je me disais : mon fils me paiera de retour :
Que, perdant ses appuis, ma fortune chancèle,
Mon fils au moins, mon fils me restera fidèle.
Toujours sûr d'un ami, dans les jours du malheur
Je pourrai confier mes chagrins à son cœur ;
De mes secrets desseins mon fils dépositaire,
Ne trahira jamais les intérêts d'un père :
L'espoir de mes vieux ans, il les consolera ;
Quand mes yeux s'éteindront, sa main les fermera ;
Mon nom après ma mort vivra dans sa mémoire ;
Peut-être avec l'éclat d'une nouvelle gloire...
Mais voilà que, saisi d'une absurde fureur...
Ah ! je l'ai trop aimé !

CYRILLE.

Je succombe !

FLAMINIUS.

O douleur !

SENANT.

Il faut enfin cesser un combat inutile.
Cédez à votre père, et rendez-vous, Cyrille.
Ce mortel vertueux, qui vous donna le jour,
A, plus que votre Dieu, des droits à votre amour.
Eh! qu'est-ce que ce Dieu qui rampa sur la terre?
Les dieux sont dans le ciel, qui tiennent le tonnerre.
Loin d'exiger la mort de leurs adorateurs,
Ils les comblent de biens, et de joie, et d'honneurs ;
Ils veulent qu'on s'empresse à jouir d'une vie
Qu'une fatale nuit aura sitôt ravie.
Nos dieux savent enfin dicter de sages lois,
Sans se faire immoler sur un infâme bois.

CYRILLE.

Je connais et vos dieux et ceux qui les honorent,
Et je connais le Dieu que les chrétiens adorent,
Seigneur ; n'espérez pas qu'oubliant mes serments,
Je cède à vos discours, non plus qu'à vos tourments.
Vous m'avez bien servi. Déjà, je le confesse,
La douleur de mon père ébranlait ma faiblesse,
Mais vos discours enfin réveillent dans mon cœur
La haine de vos dieux, l'amour de mon Sauveur;
Et, plus haut que jamais, ici, je le proteste,
Loin d'adorer vos dieux, cruel, je les déteste !

FLAMINIUS.

Ah! qui pourrait fléchir l'impitoyable sort,
Il court, le malheureux, au devant de la mort !

SENANT.

C'est trop longtemps souffrir un excès d'insolence,
Tu mourras !

FLAMINIUS.

Eh! seigneur, excusez l'imprudence...

SENANT.

Il outrage les dieux.

FLAMINIUS.

Cyrille est un enfant !

SENANT.

Quoi donc ! c'est votre bouche ici qui le défend.
Est-ce Flaminius ? où donc est sa colère ?
Ses reproches, sa haine ?

FLAMINIUS.

Ah ! Senant, je suis père !
Cyrille est un ingrat, un impie, un méchant,
Un ennemi des dieux, un sacrilége enfant ;
Sa bouche a mille fois proféré le blasphème,
Mais Cyrille est mon fils, et, malgré moi, je l'aime !

CYRILLE.

Quoi ! je serais encor si cher à votre cœur.

FLAMINIUS.

Eh ! ne le vois-tu pas, cruel, à ma douleur ?
Et pour moi, qu'ai-je à craindre ? est-ce à frapper ma tête
Que le couteau sacré depuis dix jours s'apprête !
Je suis riche, honoré ; je puis, sans ton secours,
Couler paisiblement le reste de mes jours.
Qu'ai-je besoin de toi ? quel intérêt me presse ?
Qui me fait tant gémir, si ce n'est ma tendresse ?
Il faut du sang aux dieux, et ce sang est le tien,
Si tu ne veux cesser de te dire chrétien !
J'ai cru que des conseils pourraient tout sur ton âge,
J'ai cru que, mieux instruit, tu deviendrais plus sage :
Je t'ai livré moi-même, afin d'ouvrir tes yeux,
A des Druides saints et zélés pour les dieux :
Je n'ai rien oublié : menaces ni promesses,
Les raisons, la rigueur, les plus tendres caresses.....
Que fallait-il enfin de plus pour te prouver,

Cyrille, que je t'aime et voudrais te sauver.
Pour te persuader, que puis-je davantage ?
Des pleurs? la nuit, le jour, ils baignent mon visage!
Veux-tu mon sang? faut-il embrasser tes genoux!

CYRILLE, tombant à genoux.

Pardon! pardon! mon père! ô ciel!

SENANT, à Flaminius.

Que faites-vous?

CYRILLE.

C'est à moi de tomber aux genoux de mon père,
Sa bouche m'apprendra tout ce que je dois faire.

SENANT.

Qu'entends-je?

FLAMINIUS.

Qu'as-tu dit?

CYRILLE, se relevant.

C'en est trop, ô Jésus!

Ne m'abandonnez pas.

FLAMINIUS.

Mon fils, n'hésite plus;

Sauve-toi, sauve-moi, mon fils, je t'en conjure.

CYRILLE.

Et je ne serais plus qu'un perfide, un parjure!

SENANT.

Mais est-il un parjure, un crime plus affreux?
Abandonner son père, et mépriser les dieux !

CYRILLE.

Que veut cet imposteur?

FLAMINIUS.

Seigneur, daignez vous taire.

Ce n'est pas lui, c'est moi, Cyrille, c'est ton père,
C'est mon cœur, mon amour, ce sont mes pleurs, ma voix;
Ma vie et tout mon sort t'implorent à la fois.

CYRILLE.

Eh bien ! vous le voulez?

FLAMINIUS.

La gloire, la richesse,
Les plus brillants plaisirs vont charmer ta jeunesse.
Un trône enfin, pour nous par les dieux auguré...

CYRILLE.

Un trône plus durable au ciel m'est assuré.

FLAMINIUS.

Tu vas rendre la joie et la vie à ton père.

CYRILLE.

Et trahir mon Sauveur! et vous, ô vous, ma mère,
Vous qui, les mains au ciel, sur un lit de douleur,
Avant que d'expirer m'offrites au Seigneur,
Est-ce donc là le prix que vous deviez attendre
De vos saintes leçons et d'un amour si tendre?
Ma mère !

FLAMINIUS.

Cher Cyrille !

CYRILLE.

Ah ! laissez-moi mourir !
Non, je serai chrétien jusqu'au dernier soupir,
Je l'ai juré ; ma mère a reçu ma promesse ;
Ma mère à mes combats dans le ciel s'intéresse,
Elle soutient mon cœur, je la vois, je l'entends,
Elle me presse encor dans ses bras défaillants,
Et les tendres baisers de sa bouche mourante
Raniment à l'instant ma force chancelante.
Je veux mourir chrétien !

SENANT.

Qu'on le traîne à la mort!
Du Christ, qui l'a séduit, il mérite le sort.
Qu'il meure, puisqu'au crime il ajoute l'audace.

(A Flaminius.)
Et vous, n'espérez plus de délai ni de grâce.

CYRILLE.

Jésus a triomphé ! je ne fais plus qu'un vœu,
Vous à qui je m'immole, exaucez-moi, grand Dieu !
Au prix de tout mon sang, sauvez, sauvez mon père !
Donnez-lui de la foi la divine lumière.
Adieu, je vais au ciel !

FLAMINIUS, se mettant au devant des Druides.

Non, je ne puis souffrir !
Cet enfant m'est trop cher, Senant, plutôt mourir !
Viens dans mes bras, Cyrille ; arrêtez, misérables,
Je saurai l'arracher à vos mains exécrables.

SENANT, aux Druides.

Faites votre devoir.

(A Flaminius.)
Mortel audacieux,
Peux-tu bien outrager les ministres des dieux ! —
Vous, épuisez sur lui votre pouvoir magique,
Et des dieux infernaux qu'un songe fantastique
Enchaîne ses esprits en ce fatal instant.

(On lui met sur la tête une couronne de lierre et de pavots.)

FLAMINIUS ébloui, troublé, chancelant.

Où suis-je?

SENANT, aux Druides.

Hâtez-vous !

FLAMINIUS, éperdu.

Cyrille! ô mon enfant !
Où donc es-tu? mais quoi ! ma force m'abandonne :
D'où vient que tout à coup, malgré moi, je frissonne.
Perfide enchantement...

(Deux Druides le saisissent et l'entraînent.)

Où me conduisez-vous?
Ah ! le père et le fils succombent sous vos coups.

(Il tombe entre les bras des Druides qui lui couvrent la tête d'un voile.
et le gardent à demi renversé tout le reste de la scène.)

On a conduit Cyrille sur l'autel, on le fait monter sur le dolmehn, il
s'y tient à genoux, et les six Druides commencent leur chant; ils
sont armés de coutelas.

LES DRUIDES.

Du sang! du sang! il faut une victime
Aux dieux gaulois, aux dieux abandonnés!

CYRILLE.

O Dieu sauveur, pardonnez-leur ce crime,
Pardonnez, pardonnez, — doux Sauveur, pardonnez!

LES DRUIDES.

C'est en vain que ta voix invoque
Ce sauveur qui ne t'entend pas:
Va, va! de tes vœux il se moque,
Sous nos couteaux tu tomberas,
Va, va! — va, tu mourras!

CYRILLE.

O mon Sauveur!

LES DRUIDES.

Il n'entend pas!

CYRILLE.

Pardonnez-leur!

LES DRUIDES.

Non! tu mourras!

Ils reprennent, puis dansent autour de l'autel.

Du sang! du sang! etc.

SENANT.

Accourez à ma voix, sanglantes Walkiries,
Thor, Hésus, Teutatès, divinités chéries!
Vous qu'osa mépriser un téméraire enfant,
Venez vous réjouir à l'odeur de son sang!

(Un des Druides va porter un coutelas à Senant; Senant s'avance vers
Cyrille; on couche l'enfant sur l'autel; Senant lève les mains et le
couteau en l'air, et s'écrie :)

C'est à toi, dieu vengeur, à toi que je l'immole;
Teutatès, viens, descends et délivre la Gaule,

SCÈNE XIII.

CINDONAX, encore dehors.

Ah ! Senant ! ah ! Senant !

(Senant laisse tomber ses bras, les Druides s'écartent, Cyrille se relève.)

(Cindonax se précipite sur le théâtre, couvert de sang ; il se jette dans
les bras de l'un des Druides qui sont restés auprès de Flaminius.)

SENANT, effrayé.

Que vois-je ? est-ce bien toi ,

Cindonax !

CINDONAX.

Je me meurs, amis, soutenez-moi.

SENANT, descendant de l'autel et accourant vers Cindonax.

Quoi ! qu'est-il arrivé ? que cet homme m'effraie !
Dieu ! le sang coule à flots d'une profonde plaie.
Tes armes ?

CINDONAX.

O douleur ! ô honte !

SENANT.

Et Gonderic ?

CINDONAX.

Il m'a frappé, vaincu.

SENANT.

O malheur ! mais Zimbric ?

CINDONAX.

Il est mort sous ses coups ! une force invisible
A rempli ce héros d'un courage invincible.
Zimbric est mort, et moi j'échappe à ses fureurs,
Blessé... mais il me suit. Le voilà, je me meurs !
Fuyez... emportez-moi... fuyez.

(Ils fuient tous, entraînant Cindonax.

SENANT.

Où courez-vous?

Lâches! ô trahison! Ils m'abandonnent tous!
A moi, Flaminius!

(Il lui arrache la couronne et le voile.)

Mais où prendre des armes?

FLAMINIUS, à demi relevé.

Qu'a-t-on fait?

SENANT.

Levez-vous!

FLAMINIUS.

Pourquoi ces cris d'alarmes?

Ah! rendez-moi mon fils!

SCÈNE XIV.

LES PRÉCÉDENTS.

GONDERIC, dehors.

Tu n'échapperas pas,
Traître! tu fuis en vain : ton sang guide mes pas.

(Il entre, et s'arrête indigné devant Senant.)

Et te voilà, Senant!... c'est toi : ce vil sicaire
De ton lâche courroux n'était que l'émissaire :
Ma mort devait couvrir d'un silence éternel
Le témoin redouté d'un dessein criminel.
Comme si tu pouvais imposer le silence,
Par des coups de poignard, aux cris de la vengeance,
Dont tes crimes enfin ont fatigué les cieux!
Oui, c'en est fait de toi, brigand astucieux;
Tandis que tes démons attendaient leur victime,
Le bras d'un Dieu vengeur te poussait dans l'abîme.....
Tu voulais me tuer, et pour ce grand exploit,
Tu n'avais qu'à donner un signal de ton doigt;
Et, pour exécuteur de tes ordres sinistres,

Tu n'envoyais que deux de tes dignes ministres,
Zimbric et Cindonax, des égorgeurs d'enfants!
C'était d'autres héros, et de bras plus puissants,
Certes, qu'il te fallait invoquer l'assistance!
As-tu donc oublié quelle fut la vaillance
De ce bras que les ans n'ont pas encor glacé;
Ce bras, qui, tant de fois, a lui seul terrassé
Autant de vrais guerriers, au combat intrépides,
Que tu comptes de chiens dans tes meutes timides?
Appelle-les donc tous: fais venir, si tu veux,
Pour vaincre Gonderic, tes démons avec eux:
Qu'ils viennent détourner de ta tête coupable,
De la mort que voici le coup inévitable.

   (Il va le frapper.)

     CYRILLE, du haut de l'autel.

Chrétien! à ses bourreaux le Christ a pardonné!

    GONDERIC, apercevant Cyrille.

Quoi! Cyrille, déjà sur l'autel..... enchaîné!

  (A Senant.)

Un couteau dans tes mains!... Divine Providence!
J'arrive donc à temps pour sauver l'innocence:
Monstre!... Mais vous, son père, était-ce donc en vain
Que vous portiez ici le grand nom de Romain?
Ou bien, obéissant à votre aveugle haine,
Aviez-vous de vos mains préparé cette chaîne?

     FLAMINIUS.

Hélas!

    GONDERIC.

  Je vous entends. De votre ambition
Vous alliez à ce prix payer l'illusion;
Dupe du scélérat dont la rage vous guide,
Vous ne reculiez pas devant un parricide.
Vous auriez bien osé, d'un œil fixe et serein,

Dans ce flanc déchiré consulter le destin.
Est-ce être père? ô ciel! mais toi, mon cher Cyrille,
Généreux confesseur du divin Évangile;
Va, magnanime enfant, va! je brise tes fers,
Et deux fois en un jour nous vaincrons les enfers.

CYRILLE.

O mon libérateur!.... mais épargnez mon père :
J'ai vu ses pleurs; je sais que l'arrêt sanguinaire
Qui..... non, ce n'est point lui.

(Flaminius lui ouvre ses bras, il s'y jette.)

FLAMINIUS.

Non, guerrier généreux,
Le sang de mon enfant n'eût point souillé mes yeux:
Je voulais ramener, par un dessein funeste,
Mon fils à mes autels... Senant a fait le reste.

GONDERIC, à Senant.

Ennemi de ton prince, ennemi des chrétiens,
Armé de tes couteaux contre tous les humains,
Comme dans tes beaux jours, comme aux jours de ta gloire,
Il te fallait du sang, du sang!... du sang à boire!
Pour nous répondre, eh bien! fais un dernier effort :
Dis, qu'attends-tu de moi, de Chlodovig?

SENANT.

La mort!

GONDERIC.

C'est trop peu, scélérat; dis encor l'infamie.
Il faut que sur ton front, hideux d'ignominie,
Et le peuple et l'armée, et les chefs et le roi,
Lisent tes trahisons et pâlissent d'effroi:
Qu'on sache à quels malheurs tu réservais les Gaules;
Ce que devait coûter le retour des idoles;
Que l'erreur et le crime expirent avec toi,
Et que le Christ triomphe, avec Cyrille et moi.

SCÈNE XV.

DEUX BARDES entrent par le fond, et chantent.

(Chant de victoire des Francs sur les Romains et les Germains.)

Près des tombeaux que la Celtique honore,
   Siagrius est accouru.
De cent mille Romains, comme un noir météore,
Les bataillons pressés aux Francs ont apparu.
   Chlodovig fièrement s'écrie :
   Nobles Francs, suivez votre roi !
   Le Romain va subir ma loi   )
  A nos drapeaux la Gaule est asservie !)   *Bis.*

UN BARDE.

Au druide Senant le roi des Francs ordonne
De parer les dolmehns, de lui dresser un trône :
Suivi de ses guerriers, Chlodovig va venir
Sur un grave sujet ici s'entretenir.

GONDERIC.

Bardes, vous le voyez; ces pierres, consacrées
Au culte de vos dieux, de festons sont parées ;
Un silence profond règne dans la forêt ;
A recevoir son roi votre Druide est prêt.

   (On entend des clairons et une musique guerrière..

(L'armée entre. Pendant son entrée, les bardes continuent le chant,
  les refrains sont chantés par toute l'armée.)

UN BARDE.

De mille cris les échos retentissent,
   On s'élance, on croise le fer.
Sous les pieds des coursiers les corps sanglants gémissent,
La francisque en volant brille comme l'éclair.

CHŒUR.

Chlodovig fièrement s'écrie, etc.

UN BARDE.

Viens, Chlodovig, de ton lourd cimeterre
Entr'ouvrir de larges sillons,
De ton char meurtrier promener le tonnerre :
Que des Romains vaincus tombent les légions !

CHŒUR.

Chlodovig fièrement s'écrie, etc.

UN BARDE.

A tes remparts tu promis nos trophées ;
Rome, Rome, tremble pour toi !
Contemplant dans nos champs les hordes écrasées,
L'univers se demande : Est-ce le peuple-roi ?

CHŒUR.

Chlodovig fièrement s'écrie, etc.

DEUX BARDES.

Fiers compagnons, qu'adopta la victoire,
Quels sont ces nouveaux ennemis ?
Aux champs de Tolbiac une moisson de gloire
Vous livre les destins qui vous furent promis.

Chlodovig triomphant s'écrie,
Nobles Francs, suivez votre roi !
Le Germain va subir ma loi,   } *Bis.*
A nos drapeaux la Gaule est asservie.

LE CHŒUR.

Chlodovig triomphant s'écrie, etc.

(L'armée se compose de guerriers francs, gaulois, scandinaves et romains, armés de lances, de framées, de franciques, de massues, de masses de fer.)

Avec le roi entrent : Aurélien (Romain) ; Radagaise (Gaulois) ; Ragnacaire (Scandinave).

L'armée, après plusieurs évolutions, se range en demi-cercle. Le Roi se place dans le fond, assis sur une pierre moussue qui est depuis le commencement devant l'autel ; à sa droite est Aurélien ; à sa gauche Radagaise ; derrière lui se tient Ragnacaire ; Gonderic est sur le devant, à droite, avec Senant ; Flaminius, à gauche, avec Cyrille.)

CHLODOVIG.

Enfin, braves amis, nous avons la victoire;
Mais il est juste, au ciel, que nous en rendions gloire:
Pour servir ses desseins, dans la Gaule conduit,
Sa faveur constamment me protége et me suit.
Vous avez à Tolbiac entendu ma promesse,
Une secrète voix m'y rappelle et me presse,
Et de tant de succès me signalant le cours,
Me dit : Tu ne les dois qu'à mon puissant secours.
Mais quel est-il ce Dieu, dont la main tutélaire,
Ouvre devant nos pas un chemin si prospère?
Au pied de quel autel doit fumer notre encens?
Des Romains, des Gaulois, des Slaves et des Francs
Les cultes différents obtiennent vos suffrages.
D'autres offrent au Christ de dévoués hommages;
En vain au même roi des peuples sont soumis,
Si, par un même culte, ils ne vivent unis;
L'homme passe, la loi n'est pas invariable;
La religion seule est un lien durable.
C'est le fer qui soumet le mortel au mortel,
C'est Dieu seul qui cimente un empire éternel.
Si donc la vérité sur un culte repose,
Il faut qu'à l'embrasser ici tout se dispose.
Et que le même Dieu, triomphant dans nos cœurs,
Unisse désormais les vaincus aux vainqueurs.
Dites, Aurélien, les dieux à qui s'adresse
L'hommage fastueux de Rome et de la Grèce.
Le nombre en est immense, et, sous vos étendards,
Ils ont de l'univers ébloui les regards.

AURÉLIEN.

Puisque des dieux un culte atteste la puissance,
Et des faibles humains l'humble reconnaissance,
Quels autels devraient-ils, d'offrandes couronnés,

S'entourer de l'encens des mortels prosternés :
Quels temples d'hymnes saints et de pieux cantiques
Rediraient les accents, sous leurs voûtes antiques,
Si du grand Jupiter le nom majestueux
Ne fait pas incliner nos fronts respectueux?
Lui qui peut d'un clin d'œil faire trembler la terre,
Qui règne au haut des cieux et lance le tonnerre.
De la Grèce et de Rome il accueillit les vœux,
Et quel peuple eut jamais des destins plus heureux;
C'est de l'Olympe seul que descend la victoire.
A Rome, quand les dieux y régnaient avec gloire,
De vingt sceptres conquis, de vingt rois prosternés,
Le peuple et le sénat furent environnés;
Les Romains triomphants vivaient dans les délices;
Mais quand eurent cessé leurs pompeux sacrifices,
Quand de dieux et de culte ils osèrent changer,
Dans quels gouffres de maux ils se virent plonger!
Lauriers, lettres, beaux-arts, ces gloires de la vie
Ont délaissé tes murs, ô ma chère patrie!
D'un ennemi la hache a brisé tes autels,
Et la lyre s'est tue avec les immortels;
Que Rome soit pour vous un mémorable exemple,
Roi des Francs, l'univers attentif vous contemple.
Tous les regards tournés vers un jeune héros,
Attendent de lui seul la vie et le repos;
Montrez-vous à la terre aussi grand que vous l'êtes;
Rendez-nous et nos dieux et leurs heureuses fêtes;
Ces dieux qui, des combats enchaînent les hasards,
Remettront en vos mains l'empire des Césars;
Alors sur nos autels brilleront vos trophées,
Alors nymphes, sylvains, naïades et napées,
Peupleront nos forêts, nos fleuves, nos vallons,
Et le ciel comblera la terre de ses dons.

CHLODOVIG.

Valeureux Scandinave, illustre Ragnacaire,
Parle, soutiens les dieux que ton pays révère.

RAGNACAIRE.

Vous avez beau vanter vos dieux grecs et latins,
Votre temps est passé, magnanimes Romains !
Peuple dégénéré, sous quels indignes maîtres,
N'as-tu pas avili le sang de tes ancêtres?
Ton luxe, tes plaisirs, et tes arts séducteurs
Ne sauraient qu'amollir et corrompre les cœurs.
Des fils de Romulus, dangereuses conquêtes,
Ils ont, non pas suivi, mais causé leurs défaites,
Mais les enfants d'Odin, dignes de leurs aïeux,
Se sentent fiers de vivre et de mourir comme eux.
La guerre et ses périls, voilà notre partage,
Des dieux et des héros glorieux héritage.
Odin, le foudroyant et l'exterminateur,
Fait marcher devant lui Thor, dieu de la terreur:
Il guide ses élus aux festins des batailles,
Laisse aux hideux vautours le soin des funérailles,
Et Braga, de sa harpe enflammant les héros,
Les convie en Asgard à des combats nouveaux.
Au belliqueux Odin venez donc rendre hommage,
Vous tous de qui la gloire enflamme le courage:
Par lui, le monde entier fut soumis à nos lois :
Descendus de l'Oural, les Scythes, à sa voix,
Étonnèrent, vainqueurs, les flots du Borysthènes,
De là, comme un torrent, dans leurs courses soudaines,
De cent peuples divers roulant les bataillons,
On les vit de l'Asie inonder les sillons,
Et, repliant leurs flots que domptait sa parole,
Tomber en mugissant au pied du Capitole.
Romains ! que vos Césars, dont vous vantez l'effort,

Sont petits à côté des fiers géants du Nord ;
Ils accourent du ciel accomplir la menace,
En trois pas, du désert ils ont franchi l'espace ;
Déjà, loin du Caucase élevant leur essor,
Les vautours ont flairé les parfums de la mort,
Nous voici : sur nos pas se creusent des abîmes ;
Nous dressons les autels, vous êtes les victimes,
La mort a dévoré votre empire ébranlé,
De toutes parts il tombe, il croule, il a croulé :
C'est un débris funèbre, et sa grandeur passée,
Est d'un vaste cercueil la ruine brisée.

CHLODOVIG.

Fidèle Radagaise, honore tes aïeux,
Dis les dieux que le Celte adorait en ces lieux,
Avant que de Mithras les rites sanguinaires
Se fussent alliés à leurs simples mystères.

RADAGAISE.

Scandinaves, Romains, de quels dieux parlez-vous,
En quels lieux, sous quels traits se montrent-ils à nous?
Un Dieu qu'on ne voit point n'eut jamais d'existence :
Sous les traits de vos dieux, c'est l'homme qu'on encense ;
Vous, Romains, vos vrais dieux, ce sont vos passions,
Qui peuplèrent les cieux de vaines fictions.
N'est-ce que dans le sang, dans l'horreur du carnage,
Que les divinités ont droit à notre hommage,
Adorateurs d'Odin? Le Celte, plus heureux,
Dans la simple nature a reconnu ses dieux.
Loin du bruit des combats, à l'abri des alarmes,
La nature à nos yeux offre les plus doux charmes :
Si l'Océan qui gronde est un dieu menaçant,
Le soleil qui m'éclaire est un dieu bienfaisant,
La flamme du foyer, l'onde de la fontaine,
Ne sont point de mon culte une figure vaine.

L'arbre reçoit mes vœux, je travaille pour lui,
Mais l'arbre me nourrit et me prête un appui,
Voilà quels sont nos dieux, voilà par quel langage,
Par quels nombreux bienfaits ils forcent notre hommage.
A ces puissants esprits, qui meuvent tous les corps,
Vont s'unir chaque jour les âmes de nos-morts;
Elles peuplent les airs, et leur vive tendresse,
Au bonheur de leurs fils ardemment s'intéresse.
Quand leurs pères sont là pour les encourager,
Les Celtes craindraient-ils d'affronter le danger?
Ah! si de vos aïeux vous regrettez la gloire,
Si du moins vous craignez d'outrager leur mémoire,
Gaulois, gardez-vous bien de fléchir les genoux,
Devant des dieux mortels et faibles comme vous.

CHLODOVIG.

Fidèle et vieil ami d'une femme admirable,
Toi, Gonderic, à qui ton prince est redevable
D'un bonheur que peut-être il a trop tard connu,
Ton zèle pour ta foi, si longtemps contenu,
Peut enfin éclater. — Parle, — prends la défense
Du Dieu qui de Clotilde a protégé l'enfance.

GONDERIC.

Prince! il est grand le Dieu que servent les chrétiens.
L'univers, comme un point, se joue entre ses mains :
C'est lui qui donne au monde ou la paix ou la guerre,
C'est lui qui fait régner les maîtres de la terre.
Malheur, trois fois malheur au peuple qui lui dit :
Je ne suis pas ton peuple! Il meurt, il est maudit.
Il s'est fait appeler le Seigneur des armées;
Non que des cris de mort ses oreilles charmées,
Ne se plaisent qu'au bruit de nos débats sanglants;
Il est père, il est bon, il aime ses enfants.
Il voudrait tous les voir, libres, égaux et frères.

Sous son œil paternel couler des jours prospères.
Comme à lui-même il veut qu'on obéisse au roi :
Mais le roi doit courber la tête sous sa loi.
Le coupable jamais n'échappe à sa vengeance,
Le repentir toujours a droit à sa clémence.
Ses vrais enfants, unis par les plus doux liens,
Doivent mettre en commun et leurs maux et leurs biens :
Le pauvre, sans murmure accepte l'indigence,
Le riche s'humilie au sein de l'opulence,
S'il marque chaque jour par un nouveau bienfait :
Une main ne sait pas le bien que l'autre fait.

CHLODOVIG.

A ces traits, Gonderic, je reconnais la reine ;
Les cœurs qu'elle a gagnés, sa bonté les enchaîne.

GONDERIC.

Venez donc, prince, au nom du Christ consolateur,
A la Gaule assurer la gloire et le bonheur :
Aux grands desseins de Dieu que votre foi réponde,
Et votre peuple un jour sera l'espoir du monde.
Au milieu des combats, comme au sein de la paix,
Il sera glorieux de se dire Français.
Les reines des cités, Rome, Athènes, Bysance,
Imploreront un jour le secours de la France :
Et, vers elle guidés par l'aigle des Césars,
Les Francs protégeront leurs antiques remparts.
Mais quoi ! déjà ce Dieu vous a comblé de gloire.....

CHLODOVIG.

Oui ! c'est à son secours que je dois la victoire !

GONDERIC.

Eh bien ! qui vous arrête, et pourquoi venez-vous
Par un doute insensé provoquer son courroux ?
Pour embrasser son culte et pour le reconnaître,
Vous faut-il que Senant de la Gaule soit maître,

Qu'il ait rendu l'empire aux Romains terrassés,
Qu'il brûle dans ses bois nos enfants entassés?
Ce propos, je le sais, a de quoi vous surprendre :
Je vous vois étonnés, indignés de l'entendre.
Apprenez donc enfin tout ce que vous devez
Au Dieu qui dans un jour deux fois vous a sauvés.
Voyez-vous ce poignard ; sur la sanglante arène
Voyez-vous ce brigand expiré ; cette chaîne
D'un héroïque enfant, fils de Flaminius,
Dont le père est ici, pâle, troublé, confus ?
Et toi, Senant, pourquoi te voiles-tu la face?
Qu'as-tu fait aujourd'hui de ton ancienne audace?
Ne peux-tu soutenir l'aspect de ces héros,
Des noires trahisons implacables fléaux?
Oui! Chlodovig, tandis que guidant vos cohortes,
Vous frappiez l'ennemi qui menaçait nos portes,
Senant, si dévoué, si souple, si soumis,
Senant, qui se plaçait au rang de vos amis,
S'agitait sourdement autour de votre trône
Et tramait un complot contre votre personne.
Il me disait, à moi, que Clotilde en danger,
Attendait que mon bras s'armât pour la venger.
Remi, tous nos chrétiens, si nombreux, si fidèles,
Se levaient et marchaient en tête des rebelles.
Flaminius, armant les débris des Romains,
Soutenait les efforts de Senant et des siens...
Vos faveurs, Chlodovig, n'ont jamais à l'envie
Exposé le repos d'un seul jour de ma vie.
Vous ne m'avez point vu parmi vos courtisans,
Avide de vos dons ou prodigue d'encens.
Mais le Dieu que je sers veut qu'à toute puissance
Le chrétien soit soumis comme à sa Providence.
L'insidieux Senant vainement m'a tenté :

La mort était le prix de ma fidélité,
Si cette vieille main, aux combats aguerrie,
Par le cœur, assez tôt, n'eût été rajeunie.

TOUS LES GUERRIERS.

Honneur à Gonderic! mort au traître Senant!

GONDERIC.

Entendez tout : Senant, monstre altéré de sang,
Tenait en son pouvoir le jeune et beau Cyrille,
Intrépide chrétien dans un âge fragile.
Son fanatique père, à de frivoles dieux
Lui voulait faire offrir de sacriléges vœux.
Eh bien! ce sang si pur, cette tendre victime,
Senant la demandait pour cimenter son crime.
Déjà près de l'autel avait cessé le chant...

TOUS LES GUERRIERS.

Honneur à Gonderic! mort au traître Senant!

CHLODOVIG.

Soldats! exécutez l'arrêt de ma justice :
Allez! loin de mes yeux, qu'on le traîne au supplice.

(Les soldats emmènent Senant.)

SENANT.

Tu triomphes, ô Christ! mais il viendra le jour,
Où les fils du soleil te vaincront à leur tour!

GONDERIC.

Que vous en semble, amis? Assez l'idolâtrie
Par ses honteux forfaits est-elle ici flétrie?
Choisissez maintenant, grand prince, et dites-nous
Devant quel Dieu vos Francs fléchiront les genoux.

CHLODOVIG.

Guerriers, la vérité devant moi se découvre :
A mon cœur éclairé Dieu parle, le ciel s'ouvre :
Des vertus au-dessus du faible cœur humain
Ne sauraient s'inspirer que d'un esprit divin.

De ces héros chrétiens la grandeur surhumaine
Subjugue notre amour et vers eux nous entraîne.
Pardonne, Gonderic, si je t'ai méconnu :
Les princes trop souvent ignorent la vertu.
Viens, je veux te combler et d'honneur et de joie,
Car tu seras mon guide en la nouvelle voie
Où m'appelle ton Dieu. Toi, courageux enfant,
Qui pour l'amour du Christ allais verser ton sang,
Je t'affranchis du joug de ton indigne père :
Sa lâche trahison recevra son salaire !
Mais toi...

CYRILLE.

Non, prince, non ; de vos dons généreux
Un seul en cet instant comblera tous mes vœux ;
Par ces fers, par vos mains, vos genoux que j'embrasse,
De mon malheureux père accordez-moi la grâce.
Pardonnez, ou souffrez...

CHLODOVIG.

Eh bien ! Flaminius,
Fais que jamais ton roi ne se souvienne plus
D'un rebelle insensé, qu'en songeant qu'il fut père,
Et qu'un bon fils a su désarmer ma colère.

FLAMINIUS.

Cyrille, ton bonheur égalera le mien.
Dès ce jour, avec toi, je veux vivre en chrétien.
Je te dois consacrer tous les jours d'une vie
Qu'une funeste erreur m'aurait, sans toi, ravie.

CHLODOVIG, se levant.

J'ai hâte d'embrasser cette sublime loi.
Amis, suivez à Reims Chlodovig votre roi :
Allons courber nos fronts sous les eaux du baptême :
La voix qui nous appelle est la voix de Dieu même.
Glorieux d'adorer ce que nous méprisions,

Allons fouler aux pieds ce que nous adorions.
Que cet humble mystère à vos yeux se relève ;
L'eau qui lave les cœurs n'émousse point le glaive,
Et l'univers saura si Chlodovig chrétien
Est moins digne des Francs que Chlodovig païen.

GONDERIC, s'avançant avec Cyrille, chante avec lui.

Joignez la croix à vos framées,
Héros chrétiens, héros français,
A Clovis, au Dieu des armées,
Soyez fidèles à jamais.
Héros chrétiens, héros français,
Soyez fidèles à jamais.

DEUX GUERRIERS.

Brisons une impuissante idole,
Rendons hommage à l'Éternel.
Abjurons un culte frivole,
Foulons aux pieds un dieu mortel.
Rendons hommage à l'Éternel.
Rendons hommage à l'Éternel.

GONDERIC ET TOUS.

Joignons la croix à nos framées, etc.

FIN.

SAINT-DENIS. — TYPOGRAPHIE DE DROUARD